GROẞE KÄMPFER

Samurai

John Devin

corona
Ars Scribendi Verlag

Originaltitel: History's Greatest Warriors: Samurai © 2012 Bellwether Media, Inc.

Übersetzung: Simone Mann, BVK Buch Verlag Kempen GmbH
Redaktion: Christina Klüyken / Sandy Willems-van der Gieth, BVK Buch Verlag Kempen GmbH
DTP deutsche Ausgabe: Freek Kuijstermans
Gedruckt in China

ISBN 978-94-6341-542-2

Kontaktieren Sie lektorat@coronalesen.de oder besuchen Sie: www.coronalesen.de.
Fragen zu den Veröffentlichungen von Ars Scribendi richten Sie bitte an den Herausgeber.
Der Herausgeber übernimmt keine Verantwortung für Fehler oder Missverständnisse.

Rechenschaftspflicht
Der Herausgeber dankt den folgenden Personen und Organisationen für die Erlaubnis, ihr Material in dieser Publikation zu verwenden und zu reproduzieren: © Colin Anderson/Photolibrary, Frontcover und 1, 9; © Erik Von Weber/Getty Images, 4-5; © Arif Iqball-fotografie - Japan/Alamy, 6; © Hulton Archive/ Stringer/Getty Images, 10; © Nao Imai/Aflo/Getty Images, 11; © North Wind foto Archives/Alamy, 12; © Ray Tang/Rex/Rex USA, 13; © Rama, 14 (Yumi); © Andraž Cerar, 14 (Katana); © Jeremy Hoare/Alamy, 15; Foto Japan/Alamy, 16; © Imre Cikajlo, 18; © JTB Photo Communications, Inc./Alamy, 19 (links, rechts); © Kazuro Shimozato/HAGA/The Image Works, 21.

Mehr Informationen über unser Programm finden Sie auf www.coronalesen.de.
Bestellen können Sie über unsere Webseite oder über den (Online-)Buchhandel.

Unter dem Namen
corona
erscheinen Sachbücher für Kinder von 4 bis 14 Jahren.

Dieses Logo bietet Erstlesern, leseschwachen Kindern, Lehrern und Lehrerinnen online eine zusätzliche Hilfe zu diesem Buch.

Verwenden Sie dafür den Code auf **www.coronalesen.de**

15422

Inhaltsverzeichnis

Wer waren die Samurai? 4

Die Regeln des Bushidō 8

Samurai-Training 10

Waffen und Kleidung 14

Das Ende der Samurai 18

Glossar 22

Erfahre noch mehr 23

Index 24

Einige Wörter sind **fett** gedruckt.
Erklärungen findest du auf
Seite 22 im Glossar.

Wer waren die Samurai?

Vor langer Zeit gab es viele Kriege in Japan. Die japanischen Herrscher, die ***Daimyō,*** kämpften gegeneinander um die Macht oder um ein Stück Land. Ihre Heere wurden von starken, treuen Kämpfern angeführt: den Samurai. Die Samurai folgten den Regeln des ***Bushidō.*** Besonders Mut, Treue, Ehrlichkeit und **Respekt** waren sehr wichtig.

Samurai-Wissen

Einer der berühmtesten Samurai war Miyamoto Musashi. Mit seinem Holzschwert gewann er fast jede Schlacht. Selbst Gegner mit Metallschwertern konnte er besiegen!

Das Wort Samurai entstand im 12. Jahrhundert. Es bedeutet „Dienender“. Samurai-Kämpfer stammten meistens aus reichen Familien und erhielten viel Respekt vom japanischen Volk. Die ersten Samurai kämpften mit Pfeil und Bogen. Aber ab dem 14. Jahrhundert nutzten sie auch Schwerter.
Samurai waren vor allem in der Zeit von 1467 bis 1568 sehr mächtig. Diese Zeitspanne wird in Japan als „Periode der Krieg führenden Provinzen“ bezeichnet.

Die Regeln des Bushidō

Ein Samurai lebte nach den Regeln des *Bushidō*. Das waren Regeln für gutes Benehmen. *Bushidō* bedeutet „Weg des Kriegers“.

Die sieben Tugenden des Bushidō:

- Ehre und Gerechtigkeit
- Mut / heldenhafte Tapferkeit
- Mitgefühl
- Höflichkeit
- vollkommene Aufrichtigkeit
- Ehre
- Pflicht und Loyalität

Samurai-Training

Fechten

Samurai begannen schon früh zu trainieren.
Sie lernten, mit einem Holzschwert zu **fechten,**
wenn sie noch keine 3 Jahre alt waren.
Sie lernten dann auch, was **Disziplin** ist.
Mit 7 Jahren begannen sie ihre Ausbildung.
Einige Jungen gingen in eine besondere Schule.
Ein Lehrer an so einer Schule hieß *Sensei.*
Andere Jungen übten zu Hause mit einem
Privatlehrer. Während ihrer Ausbildung
lernten die Jungen etwas über Geschichte, das
Kriegshandwerk und verschiedene Künste.

Samurai-Wissen

Erwachsene Samurai hatten eine besondere Frisur. Die Oberseite ihres Kopfes war kahlgeschoren. Das Haar an ihrem Hinterkopf war lang. Sie ölten es ein und trugen es in einem Knoten.

Wenn die Jungen ungefähr 15 Jahre alt waren, wurden sie zu erwachsenen Samurai. Während einer besonderen *Genpuku*-**Zeremonie** erhielten sie ein neues Schwert, eine Rüstung und einen neuen Namen. Ihre Haare wurden dann zur **traditionellen** Samurai-Frisur verändert.

Die erwachsenen Samurai trainierten ihr ganzes Leben lang. Sie übten zum Beispiel eine Reihe von Bewegungen, die man *Kata* nennt. Diese mussten sie mit der Zeit immer schneller ausführen.

Waffen und Kleidung

Samurai-Kämpfer hatten viele verschiedene Waffen. Die ersten Samurai verwendeten einen Bogen: den *Yumi.* Sie kämpften auch mit Dolchen und allerlei Speeren. Ein *Yari* war ein Speer mit einer, zwei oder drei Klingen. Ein *Naginata* war ein Holzstock mit einer gebogenen Klinge an einem Ende.
Später kämpften die Samurai vor allem mit Schwertern. Das wichtigste Schwert war ein *Katana.* Die Klinge dieses Schwertes war etwa 50 Zentimeter lang. Einige kämpften mit mehreren Waffen gleichzeitig. Neben dem *Katana* setzten sie auch kürzere Schwerter ein, wie die *Wakizashi.*

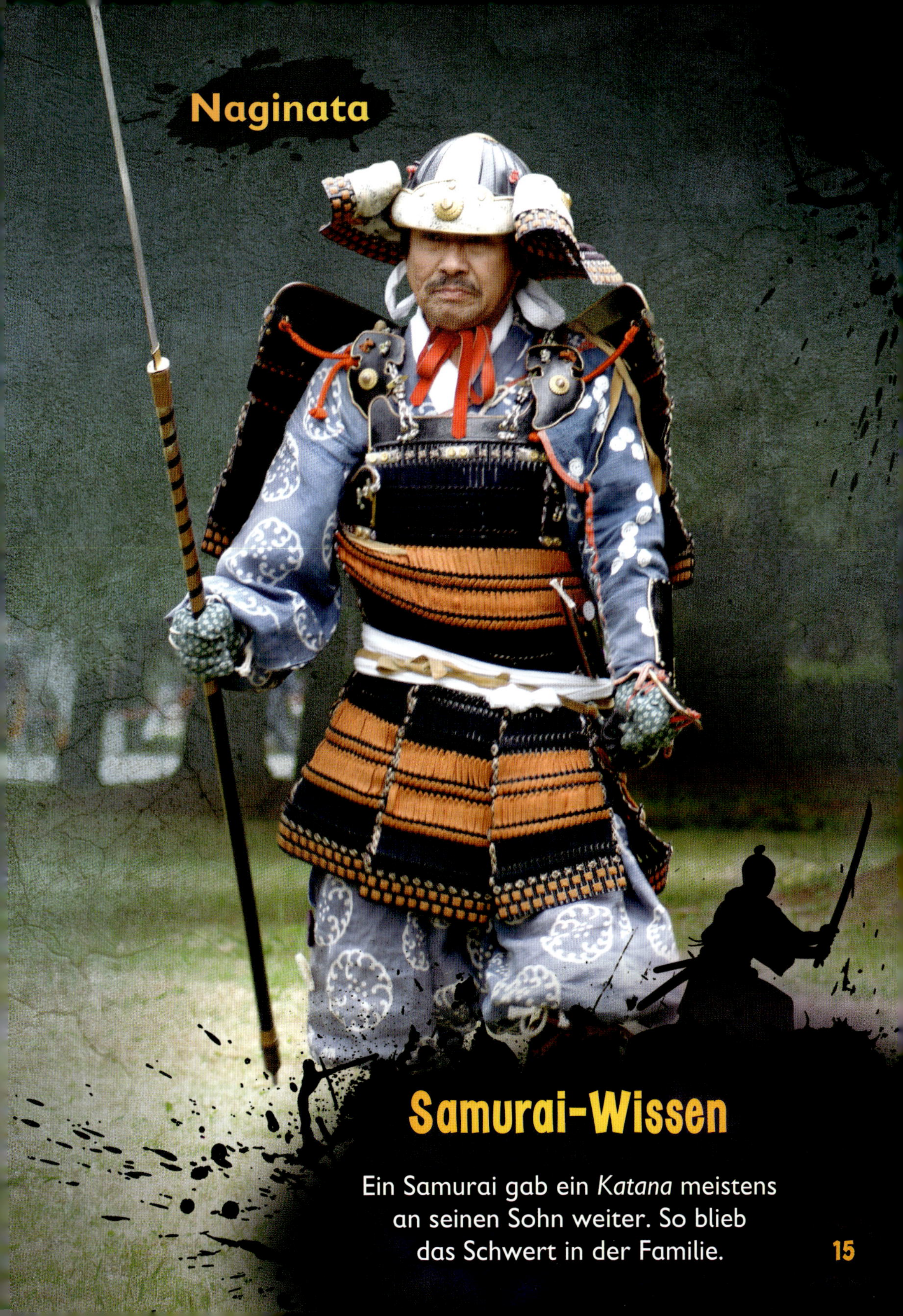

Samurai-Wissen

Ein Samurai gab ein *Katana* meistens an seinen Sohn weiter. So blieb das Schwert in der Familie.

Kabuto

Samurai trugen Rüstungen aus Leder oder Metall. Mit diesen Rüstungen waren ihre Körper in den Schlachten geschützt.
Die ersten Rüstungen waren sehr schwer.
Später trugen die Samurai leichtere Rüstungen. Darin konnten sie sich besser bewegen.
Der Helm eines Samurai hieß *Kabuto.* Er war sehr wichtig, denn er schützte den Kopf des Kriegers. Aber er zeigte auch, wie reich und bedeutend ein Samurai war. Einige Helme waren mit Gold geschmückt.

Samurai-Wissen

Wenn Samurai eine Schlacht verloren hatten, begingen sie oft ***Seppuku***. Sie sahen es als Schande an, besiegt worden zu sein.

Das Ende der Samurai

Im 16. Jahrhundert ging die Periode der Krieg führenden Provinzen zu Ende. Der mächtige *Daimyō* Oda Nobunaga eroberte ganz Japan. Er wurde zum Herrscher über das ganze Land. Sein Nachfolger Toyotomi Hideyoshi sorgte dafür, dass alle Schlachten in Japan endeten. Dadurch wurden die Samurai nicht mehr gebraucht. Einige Samurai wurden zu *Rōnin.* Sie dienten dann keinem *Daimyō* mehr, kämpften aber noch gegeneinander. So suchten sie nach **Erleuchtung.**

Nachdem die Schlachten aufgehört hatten, gingen die meisten Samurai in den Dienst des japanischen Heers. Aber es gab keine großen Kriege mehr. Darum kamen sie fast nicht mehr zum Einsatz.
Im Jahr 1873 führte der japanische Kaiser ein neues Gesetz ein. Japan erhielt ein anderes, moderneres Heer. Das bedeutete das Ende der Samurai. Die treuen, tapferen Krieger verschwanden …

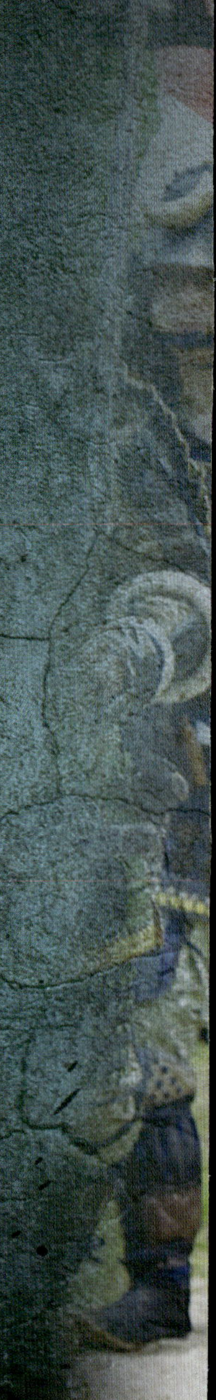

Glossar

Bushidō	Die Regeln für gutes Benehmen, nach denen ein Samurai leben musste.
Daimyō	Ein Herrscher über ein Gebiet im Japan des 15. und 16. Jahrhunderts. Sie waren vergleichbar mit einem Fürst.
Disziplin	Wer sich gut an Regeln hält, zeigt Disziplin.
Erleuchtung	mehr Einsicht ins Leben und in geistliche Dinge haben
fechten	Eine besondere Art zu kämpfen. Fechten ist ein Kampfsport. Dabei kämpfen zwei mit Degen, Säbeln oder Floretten gegeneinander.
Respekt	Verehrung von jemandem, Bewunderung für jemanden oder etwas
Rōnin	Ein Samurai, der keinem *Daimyo* diente.
Seppuku	ein nach bestimmten Regeln ablaufender Selbstmord
traditionell	Etwas, das von Generation zu Generation weitergegeben wird und zu einer Tradition wurde.
Zeremonie	Eine feierliche Handlung, die nach bestimmten Regeln abläuft.

Erfahre noch mehr

Bücher:

Wer will schon Samurai sein?, Fiona Macdonald, JGIM Verlag 2018

Kämpfer und Krieger (Insider Wissen plus), Simon Adams, Oetinger Verlag 2013

Kampfkunst (Leselauscher Wissen), Simone Mann, BVK Buch Verlag Kempen 2018

Internetseiten:

www.kinderweltreise.de/kontinente/asien/japan/daten-fakten/

Auf dieser Seite findest du viele Informationen zum Land der Samurai: Japan. Lerne die Geschichte des Landes, sowie Land und Leute kennen. Außerdem erfährst du hier, wie Kinder in Japan leben.

www.helles-koepfchen.de/?suche=samurai

Wenn du bei der Suchmaschine für Kinder nach „Samurai" suchst, findest du viele verschiedene Internetseiten. Hier gibt es Informationen zu den unterschiedlichsten Themen rund um die Samurai.

Index

Bushidō 5, 8, 22
Daimyō 4, 8, 19, 22
Disziplin 11, 22
Dolch 14
Erleuchtung 19, 22
fechten 11, 22
Genpuku-Zeremonie 12
Helm 17
Japan 4, 7, 19, 20
Kabuto 16, 17
Kaiser 20
Kata 12
Katana 14, 15
Miyamoto Musashi 7
Naginata 14, 15
Oda Nobunaga 19
Periode der Krieg führenden Provinzen 7, 19
Pfeil und Bogen 7
Respekt 4, 7, 22
Rōnin 19, 22
Rüstung 12, 17
Sensei 11
Seppuku 8, 17, 22
Speer 14
Toyotomi Hideyoshi 19
traditionell 12, 22
Training 10–12
Wakizashi 14
Waffe 7, 14, 15
Yari 14
Yumi 14
Zeremonie 12, 22